FINANZIELLE INTELLIGENZ

FINANZIELLE INTELLIGENZ

FINANZIELLE INTELLIGENZ

 FINANZIELLE INTELLIGENZ

Inhalt

Wenn Sie dasselbe tun, erhalten Sie dasselbe

Was ist Geld?

Vor dem Wechsel…

Zeit und Geld

Wege, um Wohlstand zu erreichen

Hauptregel zu investieren

Wie man aus einem finanziellen Chaos herauskommt

FINANZIELLE INTELLIGENZ

 FINANZIELLE INTELLIGENZ

Wenn Sie dasselbe tun, erhalten Sie dasselbe

Natürlich wollen und sehnen sich die meisten, wenn nicht alle von uns nach etwas Besserem. Es ist ein Teil von uns, wenn wir ein größeres Auto, ein besseres Haus wollen, um gute Dinge für die Familie zu kaufen. Wir erwarten immer mehr, aber um das zu bekommen, was man nicht hat, muss man etwas tun, was man noch nie zuvor getan hat.

Das heißt ganz einfach:

Immer und immer wieder das Gleiche zu tun und andere Ergebnisse zu erwarten! **VERRÜCKT!!!**

FINANZIELLE INTELLIGENZ

Als Angestellter können Sie nicht ewig an der gleichen Stelle bleiben und erwarten, dass ein Wunder geschieht und Ihr Chef Ihnen plötzlich eine Gehaltserhöhung gibt. Sie können sich glücklich schätzen, dass es in Ihrem Unternehmen keinen Personalabbau gibt. Der Wechsel zu einem anderen Unternehmen bietet nur eine kurzfristige Lösung für ein langfristiges Problem.

Sicher, Sie können einen zweiten oder sogar dritten Job annehmen, aber haben Sie an einem Tag genug Stunden und Ausdauer, um das durchzuhalten?

Das Fazit: Zeit gegen Geld zu tauschen, ist auf lange Sicht finanziell nicht sinnvoll. Sie erhöhen ständig Ihre Stundenzahl, nur um das Rattenrennen zu gewinnen. Was nie zu außergewöhnlichen Ergebnissen führt.

Eine Erhöhung Ihrer Löhne bringt Sie nur auf ein höheres Steuerniveau. Ihre Löhne steigen, aber auch die Ausgaben für Ihr Haus und Ihr Auto. Wie wollen Sie in sich selbst investieren, wenn Sie die ganze Zeit für ein Unternehmen arbeiten, für den Staat Steuern zahlen und für die Bank arbeiten, die Ihr Haus und Ihr Auto bezahlt? Was ist, wenn Sie krank werden und morgen nicht arbeiten können? Wird der Staat sich um Ihre Familie kümmern?

Das bezweifle ich sehr.

Ist es nicht an der Zeit, dass Sie die Finanzen etwas ernster nehmen?

 FINANZIELLE INTELLIGENZ

Was ist Geld?

Sehen Sie, es gibt eine Menge Ideen darüber, was die Leute denken, was Geld ist.

Manche sagen, es sei eine Form der Messung.

Ja, aber ein Maß für was? Reichtum? Früher maßen die Menschen ihren Reichtum an der Zahl der Kühe, Schafe und Pferde, die sie besaßen. Aber messen die Menschen heute ihren Reichtum an ihren Kühen und Pferden? Was ist mit Sklaven? Gab es eine Zeit, in der Arbeit als eine heiße Ware angesehen wurde? Sind Sklaven heute etwas wert? Sitzt ihr Geld auf der Bank, um es zu schützen, wenn eine Rezession das Land trifft? Nein, Reichtum lässt sich nicht am schlechten Dollar messen.

 FINANZIELLE INTELLIGENZ

Manche sagen, es sei eine Form der Macht.

Ja, Geld kann einem Macht verleihen, aber wenn man auf einer einsamen Insel für immer mit einem großen Schatz gefangen ist, wird einem dieses Geld dann etwas bedeuten? Wenn Ihnen jemand Wasser und einen Hubschrauber anbietet, um Sie wegzufliegen, würden Sie Ihr ganzes Geld im Bruchteil einer Sekunde eintauschen. Geld ist also kein genaues Maß für Macht - es hängt weitgehend davon ab, wie Sie es klug einsetzen!

Viele glauben, dass es die Wurzel allen Übels ist... und viele andere nehmen diesen Glauben ohne große Frage an.

Aber, aber, aber... Geld ist **NICHT** die Wurzel allen Übels (warum nehmen die Kirchen Ihrer Meinung nach sonst noch Geldspenden und Wohltätigkeit an?)

FINANZIELLE INTELLIGENZ

Die Liebe zum Geld ist die Wurzel des Übels. Denken Sie daran, Geld ist ein ausgezeichneter Diener, aber ein schrecklicher Herr. Wenn Sie Ihr Leben gegen Geld tauschen, hat Geld Macht über Ihre Zeit und Ihr Leben.

Und wenn man nicht über die richtigen Finanzinformationen verfügt, kann Geldmangel eine Menge böser Gedanken und eine negative Mentalität hervorbringen, wie man sie vor allem bei Betrügern, Dieben, Kriminellen, Einbrechern, Schmarotzern, Geizhalsfahrern und anderen Personen beobachten kann, um nur einige zu nennen.

Aber was ist Geld wirklich?

Geld ist eine Idee, hinter der Vertrauen steht.

Während Geld in den alten Tagen von den Händlern auf natürliche Weise entwickelt wurde, um das fragwürdige Tauschsystem

 FINANZIELLE INTELLIGENZ

zu ersetzen, wird Geld heute buchstäblich von den Reichen und Wohlhabenden erfunden.

Unternehmer sind bereit, ihr Geld aufzugeben, um die Zeit anderer Menschen zu kaufen.

Die Zeit anderer Menschen, d.h. Angestellte und Selbständige, wird zum Vermögen ihres Arbeitgebers und ihrer Arbeitgeber - diese unschätzbare Ressource, um weiterhin mehr Wohlstand für sich selbst zu schaffen.

Und die Sache ist die: Während man für Geld arbeitet, wird man von ihm versklavt!

90% der heutigen Bevölkerung wird unfreiwillig versklavt.

Was wir nicht erkennen, ist, dass es einen Teil unserer Seele gibt, den man nicht um jeden Preis kaufen kann. Würden Sie sich den kleinen Finger abschneiden, wenn Ihr Chef Ihnen sofort 24 Monate Ihres Gehalts anbieten würde?

Sie und ich wissen beide, dass wir mehr wert sind als das. Aber wenn Sie von Fällen hören, in denen Menschen in einigen Ländern ihre Körperteile gegen Bargeld verkaufen, können wir ihnen die Augen aus den Augenhöhlen springen lassen.

Auf der anderen Seite verkaufen wir gelegentlich einen Teil von uns selbst für Geld wie ein Esel und eine Karotte.

 FINANZIELLE INTELLIGENZ

Vor dem Wechsel...

Verstehen Sie mich jetzt nicht falsch: Ich arbeite nicht in einem Job (ich habe einen gearbeitet, bevor ich **ENTREPRENEUR** wurde).

Aber seien wir ehrlich: Unsere aktuellen Bedürfnisse wachsen mehr denn je in irgendeiner Periode der Geschichte. Die Preise steigen, die Löhne nicht. Es gibt mehr Babyboomer als je zuvor, und sie haben für ihre jahrzehntelange harte Arbeit nur sehr wenig Rente vorzuweisen.

Und Sie können sich nicht vorstellen, wie viele Menschen den ungesunden, hektischen Lebensstil hassen, der darin besteht, früh aufzustehen, den größten Teil des Tages mit Stress fertig zu werden, in Staus zu geraten, mehr Geld und Zeit für Reisen auszugeben, nur wenig Ruhe zu genießen und den schleimigen Kreislauf zu wiederholen.

Es zeichnet definitiv kein gutes Finanz- und Lebensstilbild, oder?

Der erste Schritt zur Veränderung besteht darin, sich des Problems bewusst zu sein. Bewusstsein vor dem Wandel (oder kurz ABC) ist notwendig, wenn Sie Änderungen in Ihrem Leben vornehmen wollen, um die Kontrolle über Ihr finanzielles Leben zu übernehmen und dann aus dem Rattenrennen auszusteigen.

Wir brauchen das Bewusstsein, zu wissen, in welchem Zustand wir sind, um zu wissen, wohin wir gehen.

 FINANZIELLE INTELLIGENZ

Zeit und Geld

Es gibt 4 Arten von Menschen in der Welt:

1. Keine Zeit, kein Geld.

Die meisten Mitarbeiter fallen in diese Kategorie. Sie können nicht an einem Dienstagnachmittag einkaufen gehen oder Ihren Chef feuern, wann immer Sie wollen. Die meisten Arbeitnehmer können nicht einmal 3 Jahre lang Geld für ihre Rente sparen!

2. Keine Zeit, viel Geld.

Selbständige, Freiberufler und Kleinunternehmer fallen in diese Kategorie.

Sie sind etwas besser dran als die Arbeitnehmer, weil sie mehr verdienen, aber sie müssen noch härter arbeiten als die Arbeitnehmer, um mit den schrumpfenden Gewinnspannen, dem Wettbewerb und dem Kundendienst Schritt zu halten.

3. Ich habe Zeit, ich habe kein Geld.

Viele Bauern, Schulabbrecher oder Obdachlose haben viel Zeit, aber kein Geld. Vielleicht ist Unwissenheit ein Segen, aber wie lange kann man ohne eine stabile Einkommensquelle in der Zukunft überleben?

4. Ich habe Zeit und viel Geld.

Dies ist die Kategorie, in der sich die großen Unternehmer, Eigentümer und Investoren befinden. Stellen Sie sich vor, nicht für Geld arbeiten zu müssen, sondern Geld zu haben, um für Sie zu arbeiten, indem Sie es

FINANZIELLE INTELLIGENZ

investieren und einen Gewinn erzielen, indem Sie Ihr Geld zum Geldverdienen einsetzen. **GLOOMY!!!!!!!!!!**

Nun fragen Sie sich selbst?

(1) In welche der vier Kategorien fallen Sie derzeit?

(2) In welche Kategorie möchten Sie morgen eingestuft werden?

 FINANZIELLE INTELLIGENZ

Wege, um Wohlstand zu erreichen

2 Modelle der Vermögensbildung

Jeder will mehr Geld verdienen, aber die Menschen im Allgemeinen und ist in zwei Kategorien unterteilt:

- Diejenigen, die Ergebnisse bringen, nachdem man ihnen zuerst Reichtum versprochen hat, oder diejenigen, die zuerst Ergebnisse bringen, werden später von anderen belohnt.

- Diese, Unternehmer, Geschäftsinhaber und Investoren.

 FINANZIELLE INTELLIGENZ

Es gibt kein richtig oder falsch in dieser Art des Denkens, aber bedenken Sie: Wieder einmal tauschen Sie Ihre kostbare Zeit gegen Geld. Anstatt Ihre Zeit in ein **VERMÖGEN** zu investieren, das Geld erwirtschaftet, verbringen Sie Ihre Zeit damit, an etwas zu arbeiten, das kurzfristig und von begrenztem Reichtum ist und Ihnen kein Einkommen verschafft, lange nachdem Sie aufgehört haben zu arbeiten.

Bedenken Sie auch, dass diese Art der kurzfristigen Vision bestenfalls begrenzte oder vorübergehende Ergebnisse bringt. Haben Sie schon einmal einen Wachmann bei der Arbeit schlafen sehen, wenn der Chef abwesend ist?

Außerdem ist der Teil, in dem unsere Emotionen die Oberhand gewinnen, der Teil, in dem zumindest unser Leben vom Streben nach dem Dollar bestimmt werden muss. Es ist klar, dass das Herz eines Arbeitnehmers schneller zu schlagen beginnt, wenn ihm ein

 FINANZIELLE INTELLIGENZ

höheres Gehalt, mehr medizinische Leistungen und ein längerer Urlaub angeboten werden.

Ein höheres Gehalt bedeutet nicht weniger finanzielle Probleme. Im Gegenteil, wenn Ihr Einkommen steigt, erhöhen sich Ihre Verpflichtungen, Ihr Steuerniveau und die Zeit, die Sie in Ihrem Unternehmen verbringen. Je höher Ihr Gehalt ist, desto schwächer ist Ihre Position, denn wenn Ihr Chef Ihnen ein 5-stelliges Einkommen zahlt und eine Dringlichkeitssitzung einberuft, eilen Sie besser ins Büro, auch wenn Sie schon halb mit Ihrer Frau schlafen!

Meiner Meinung nach lässt sich die beste Definition einer Mitarbeiter-/Boss-Beziehung wie folgt zusammenfassen.

Ein Angestellter wird nur das Minimum tun, um den Chef davon abzuhalten, sie zu entlassen, und ein Chef wird nur das

 FINANZIELLE INTELLIGENZ

Minimum bezahlen, um den Angestellten am Weggehen zu hindern.

Lassen Sie uns nun die andere Gruppe untersuchen.

Es gibt viele kreative Menschen, Erfinder, Unternehmer und Wirtschaftsführer, die in diese Kategorie fallen.

Ein Unternehmer ist jemand, der immer gute Ideen hat.

Das erste Hindernis, das wir überwinden müssen, wenn wir in der zweiten Gruppe erfolgreich sein wollen, ist, nicht mehr für Geld zu arbeiten. Was bedeutet das? Gehört das Geldverdienen nicht dazu, einen guten finanziellen IQ zu haben?

Was ich mit "aufhören, für Geld zu arbeiten" meine, ist, dass es nicht umsonst funktioniert.

FINANZIELLE INTELLIGENZ

Es bedeutet vielmehr, daran zu arbeiten, sich die Fähigkeiten anzueignen, die man braucht, um ein erfolgreicher Unternehmer (oder Erfinder, Investor) zu sein.

Wenn Ihnen die Kontakte fehlen, um ein Unternehmen zu führen, wo wäre dann der beste Ort, um nach Kontakten zu suchen? Natürlich die Kunden Ihrer Konkurrenten.

Wie steht es mit dem Produktwissen? Dann arbeiten Sie mit einem Unternehmen zusammen, das Sie in allen Einzelheiten der Branche ausbilden wird.

Nicht vertraut mit der Produktionslinie einer Fabrik? Arbeiten in einem! Lernen Sie, wie man mit den Seilen oder den Fabrikarbeitern umgeht.

Angst davor, mit Menschen zu sprechen? Besorgen Sie sich einen Verkaufsjob, bei dem Sie gezwungen sind, mit vielen Leuten zu

sprechen. Es ist auch eine großartige Möglichkeit, Beharrlichkeit zu entwickeln!

Wissen Sie nicht, dass die beste Ausbildung, die man bekommen kann, im wirklichen Leben stattfindet? Nicht im Konferenzraum.

Das Fazit ist, dass nicht jeder das Zeug dazu hat, als Unternehmer erfolgreich zu sein.

So einfach ist das nicht. Vielen fehlt es an Ausdauer, kreativer Denkweise, finanziellen Fähigkeiten oder Menschen, um die Arbeit zu erledigen, und sie geben gewöhnlich zu früh auf, bevor man Ergebnisse sehen kann.

Der schnellste Weg, diese Fähigkeiten zum Erfolg zu führen, besteht darin, sie praktisch zu erlernen, und dabei werden Sie sogar bezahlt! Lassen Sie sich nicht in das hineinziehen, wofür Sie bezahlt werden.

 FINANZIELLE INTELLIGENZ

Lassen Sie mich das noch einmal betonen:

Würden Sie kurzfristig Zeit gegen Geld tauschen? (Das Geld hört auf zu kommen, wenn Sie aufhören.) Oder würden Sie Zeit und Geld gegen ein langfristiges Gut tauschen, das Einkommen generieren würde? (Auch lange nachdem Sie aufgehört haben)

Gott hat uns mit einem Gehirn erschaffen. Wir müssen uns nur umschauen und die Probleme sehen, die es zu überwinden gilt, denn jedes Problem ist eine versteckte Chance.

Es liegt alles an Ihnen. Sie mögen die Ergebnisse kurzfristig sehen oder auch nicht, aber indem wir unsere Gehirne und die Ressourcen um uns herum nutzen, können wir einen echten Wert schaffen, den andere bereit sind, für das zu bezahlen, was wir anzubieten haben.

 FINANZIELLE INTELLIGENZ

3 Möglichkeiten, Geld zu verdienen

Lassen Sie mich die 3 Möglichkeiten, Geld zu verdienen, zusammenfassen

- Zeit gegen Geld tauschen - Arbeitnehmer, Selbständige

- Manifestation und Verwendung kreativer Ideen - Erfinder, Künstler, Programmierer

- Wenn Sie ein Fachmann sind, haben Sie jemals die Möglichkeit in Betracht gezogen, ein E-Book über Ihr Fachgebiet zu schreiben? Wenn es gut geschrieben ist, könnte es eine neue Einkommensquelle bieten, anstatt dass Sie Ihre Zeit damit verbringen müssen, Ihren Kunden zu dienen.

FINANZIELLE INTELLIGENZ

Wie wäre es mit einem Computerprogrammierer? Sie können mit Ihrem eigenen revolutionären Produkt aufwarten, anstatt Ihre Ideen an das Unternehmen zu verkaufen, für das Sie arbeiten.

Was ist mit Immobilien? Statt Häuser zu verkaufen, können Sie Finanzierungsquellen zusammenlegen, um preiswerte Häuser zu kaufen, ihren Wert zu steigern und sie zu einem höheren Preis zu verkaufen. Es braucht nur ein wenig Zeit und Forschung, um gute Ideen zu finden.

Ist Geld ein Problem? Suchen Sie nach Krediten, wenn Sie es sich leisten können, das Risiko zu tragen. Sammeln Sie Geld von vielen Investoren oder suchen Sie nach einem Zuschuss. Der Himmel ist die Grenze, wenn es darum geht, Geld zu verdienen.

 FINANZIELLE INTELLIGENZ

Noch einmal: Wie wollen Sie reich werden?
Antwort: Es liegt bei Ihnen.

 FINANZIELLE INTELLIGENZ

Hauptregel zu investieren

Was bedeutet Investieren für die Menschen?

Was fällt Ihnen ein, wenn Sie das Wort Investition erwähnen?

Bedeutet das, dass Sie Ihr Geld in Versicherungen, Investmentfonds, den Aktienmarkt oder sogar in hochverzinsliche Anlagen investieren müssen?

Andere Menschen denken erst an Investitionen, wenn sie kurz vor dem Tod stehen und nichts für ihre Nachkommen hinterlassen haben.

 FINANZIELLE INTELLIGENZ

Manche zittern sogar, wenn sie das Wort hören, und behaupten oft, dass sie kein Geld zum Investieren haben oder dass sie das Thema für zu kompliziert halten, um es zu diskutieren.

Viele Menschen investieren sogar stark in Gesundheitszusätze, Personal Trainer und Kosmetikerinnen, um länger zu leben, gesünder zu sein oder sogar jünger auszusehen. Stellen Sie sich das Werbebudget der heutigen Schönheitsfirmen vor.

All dies sind berechtigte Bedenken, wenn es um Investitionen geht, aber ich spreche von der wichtigsten Investition, die ein Mensch in seinem Leben tätigen kann.

 FINANZIELLE INTELLIGENZ

Investieren Sie in sich selbst.

Die wichtigste und oberste Regel ist "Investieren Sie in sich selbst" - wenn Sie es nicht tun, wer dann?

Ihre Eltern werden nur so lange in Ihre Ausbildung investieren, bis Sie das College verlassen. Aber das sind nur die Grundbedürfnisse, die gedeckt werden müssen, und bringt Ihnen keine wichtigen Lektionen über finanzielle Bildung bei.

Würden Sie sich auf Hochschulen verlassen, die Ihnen beibringen, wie man Geld verdient? Die meisten Colleges vermitteln Ihnen nur Fähigkeiten, damit Sie Geld verdienen können, indem Sie für andere Leute arbeiten. Wie wäre es mit einer Wirtschaftshochschule? Ganz ehrlich, wenn Wirtschaftsprofessoren solche Experten in der Wirtschaft sind, warum lehren sie dann immer noch dort, anstatt ein Vermögen in der Wirtschaft zu verdienen?

Würde Ihr Chef Ihnen beibringen, wie man im Geschäftsleben Erfolg hat, damit Sie eines Tages in seiner Position sind?

Sie, und nur Sie allein, müssen proaktiv genug sein, um diese Verantwortung zu übernehmen. Sehen Sie, wenn Sie in sich selbst investieren, bedeutet das, dass Sie die Bedeutung der Bildung übernehmen müssen. Bildung nicht im akademischen oder technischen Sinne, obwohl sie notwendige Fähigkeiten sind, die im Leben entwickelt werden müssen. Unsere Ausbildung hört nicht an der Universität auf.

Bei den meisten berufstätigen Erwachsenen tritt ihre Ausbildung nach dem Verlassen der Schule in eine Verzögerungsphase ein. Sie hören auf zu lernen und hören deshalb auf zu wachsen. Sie wachsen nur seitwärts, wenn

FINANZIELLE INTELLIGENZ

sie in ihren hektischen Mittagspausen zu viele Pizzen essen oder Mahlzeiten zum Mitnehmen einnehmen.

Wir wissen, dass der IQ wichtig ist, oder? Aber warum sind nicht die klügsten Menschen der Welt die reichsten Menschen der Welt? Es gibt eine Menge Buchhalter und Finanzplaner, die jede Nacht zu ihren Autos rennen und versuchen, den Staus nach der Arbeit zu entkommen! Sie sind nicht reich!

Wie steht es mit **EQ** oder **EQ**? Löst harte Arbeit, eine tolle Einstellung und eine positive Mentalität unsere finanzielle Situation? Diese sind wichtig, wenn man ein Unternehmen führt, aber lassen Sie mich sie verwenden:

Wenn Sie mit der falschen Straßenkarte von Boston nach New York fahren, kommen Sie nicht an unser Ziel, egal wie schnell Sie Ihr Auto fahren (Sie arbeiten hart!) Sie können härter arbeiten, aber Sie werden nur schneller am falschen Ziel ankommen. Sie haben vielleicht die beste Einstellung oder die positivste Mentalität der Welt, aber Sie kommen trotzdem nicht nach New York (obwohl die Reise Sie nicht stören würde, da Sie sich positiv dabei fühlen).

Die Bedeutung der finanziellen Bildung Sie sollten **ZUERST** in Ihren finanziellen **IQ** investieren.

Bei einem guten finanziellen IQ geht es nicht darum, Tonnen von Geld zu sparen oder es in Investmentfonds anzulegen. Es geht darum, eine gesunde Geldbeziehung zu entwickeln und einen Reichtum an Vermögen aufzubauen, mit dem man Geld verdienen kann.

Was braucht es, um Ihren finanziellen IQ zu entwickeln?

FINANZIELLE INTELLIGENZ

Verspätete Befriedigung ist einer der wichtigsten Aspekte bei der Entwicklung Ihres finanziellen IQs. Lassen Sie uns dies als hypothetisches Beispiel nehmen.

Würden Sie für ein Pint Milch oder eine Kuh bezahlen?

Wenn Sie Milch kaufen, ist sie konsumiert und das war's. Sie werden die Milch immer wieder kaufen müssen, wenn sie fertig ist. Selbst wenn die Milch weniger kostet als eine Kuh, werden Sie auf lange Sicht immer wieder Milch kaufen.

Nun, wenn eine Kuh 50 Mal mehr als Milch kostet, könnten Sie beim Kauf der Kuh durch die Nase bezahlen, aber nachdem Sie 50 Pints von der Kuhmilch verbraucht haben, würden Sie Ihre Investition kostendeckend machen und in Zukunft mehr Geld sparen. Tatsächlich könnte die Kuh 2 oder mehr

FINANZIELLE INTELLIGENZ

Kälber zur Welt bringen und Sie könnten eines davon auswählen, um einen Gewinn zu erzielen!

Haben Sie das verstanden?

JEDER ist in der Lage, Wohlstand zu schaffen. Wenn man ein altes Auto einer Generalüberholung unterzieht, es mit einem neuen Anstrich überzieht und ein paar weitere Teile austauscht, um es wieder zum Laufen zu bringen, könnte man dieses Auto für mehr Geld auswählen, als wenn es nur ein ramponiertes altes Auto wäre. Sie hätten damit Wohlstand geschaffen!

Wie wäre es mit einem Bauernhof? Wenn Sie einen Bauernhof in einen Urlaubsort auf dem Land verwandeln, würde das nicht den Wert des Ackerlandes steigern?

 FINANZIELLE INTELLIGENZ

Es ist dasselbe Prinzip für Köche, Computerprogrammierer und Handwerker. Die Summe des Ganzen ist größer als die Teile. Wir alle sind in der Lage, selbst aus dem Nichts Wohlstand zu schaffen, und das ist der erste Schritt, um unsere kreativen Säfte fließen zu lassen.

Der Wert von etwas wird durch Angebot und Nachfrage definiert.

Man braucht keinen Abschluss in Wirtschaftswissenschaften, um dies zu verstehen. Geld ist nur eine Idee.

Erinnern Sie sich an das Beispiel der einsamen Insel? Das wahre Maß des Geldes sind nicht die Cents oder Dollars, die es repräsentiert.

Wenn Sie ein Produkt entwickelt haben, das die Menschen wollen, würden Sie ihnen dann mehr als üblich bezahlen? Würden Sie

FINANZIELLE INTELLIGENZ

Ihre Fähigkeiten einsetzen, um gute Vermögenswerte zu schaffen?

Die Quintessenz ist folgende:

Investieren Sie in Vermögenswerte, die langfristig Wert schaffen. Alles, was Ihnen mehr Einkommen bringt, ist ein Plus. Investieren Sie nicht zu viel in Verbindlichkeiten wie Autos oder Boote.

Selbst Häuser gelten erst dann als Vermögen, wenn sie vollständig bezahlt sind (Wenn Sie morgen Ihren Job verlieren und Ihr Haus nicht bezahlen können, ist Ihr Haus dann ein Vermögenswert oder eine Verbindlichkeit?) Sind Sie bereit, aus Ihrer Komfortzone herauszutreten und den Preis des finanziellen IQs zu zahlen? Oder ignorieren Sie die Zeichen der Zeit und erwarten Sie, dass Ihr Chef, die Regierung und die Bank Sie für den Rest Ihres Lebens finanziell

versorgen, unter Ihren Möglichkeiten leben und niemals Risiken eingehen, um die Zukunft Ihrer Familie zu verbessern?

 FINANZIELLE INTELLIGENZ

Wie man aus einem finanziellen Chaos herauskommt

Es gibt zwei Methoden, die ich empfehlen kann, um aus einem finanziellen Schlamassel herauszukommen.

Defensive Strategien

Die erste ist defensiv:

Reduzieren Sie, was Sie bereits ausgeben. In einem finanziellen Chaos kann man kein Unternehmen gründen. Der Geldfluss ist wichtiger als das Einkommen. Und man muss viel Geld in der Tasche haben, wenn man erfolgreich sein will.

 FINANZIELLE INTELLIGENZ

Hier sind einige der Dinge, die Sie reduzieren können

- Rauchen: Wenn Sie nicht aufhören können, rauchen Sie einfach ein paar Zigaretten weniger.

- Alkohol: Alkohol kann Ihre Finanzen schneller trockenlegen als ein laufender Wasserhahn.

- Ausgehen am Abend: Verbringen Sie ein paar Nächte zu Hause und denken Sie darüber nach, wie Sie mehr Geld verdienen können.

- Glücksspiel: Wenn Sie Glücksspiele planen, ist es besser, auf ein Unternehmen zu setzen.

FINANZIELLE INTELLIGENZ

- Ferien- und Country-Clubs: Ohne ein paar Mitgliedschaften werden Sie nicht sterben.

- Essen: Essen Sie gesund, dann können Sie klarer denken.

- Faulheit: Die größte Sache, die Sie aufhalten wird!

Das Wichtigste von allem ist, dass Sie nichts kaufen, was ein Risiko darstellt. Eine Verbindlichkeit ist alles, was Ihnen Geld aus der Tasche zieht, egal, was es in Zukunft wert ist. Denken Sie in Bezug auf den Cashflow: In was kann ich heute investieren, um morgen Mittel zu erhalten?

Lassen Sie uns nun zu offensiven Strategien übergehen:

 FINANZIELLE INTELLIGENZ

Offensive Strategien

Eine der besten und kostengünstigsten Möglichkeiten, in Ihre geschäftlichen Fähigkeiten zu investieren, ist der Beitritt zu einem Netzwerk-Marketing-Unternehmen. Es gibt viele andere Möglichkeiten, wie z.B. die Gründung eines traditionellen Unternehmens oder sogar eines Online-Geschäfts.

Aber wenn Sie sich etwas Konkretes garantieren wollen, wo es um geschäftliche Fähigkeiten geht, dann ist meine Meinung zum Network Marketing.

Unabhängig davon, was Sie über diese Branche gehört haben oder wie viel Geld die Menschen dort verloren haben, der Hauptgrund, warum ich jedem empfehlen würde, in ein Network-Marketing-Unternehmen zu investieren, ist das, was man dort lernen kann, und nicht der

FINANZIELLE INTELLIGENZ

Geldbetrag, den man verdienen kann (obwohl es toll wäre, wenn man davon leben könnte).

Sie sehen, Network-Marketing-Unternehmen sind der einzige Ort, an dem Menschen ihre Geschäftsgeheimnisse **KOSTENLOS** teilen. Das macht Sinn, denn damit Ihre Upline erfolgreich ist, wird sie wollen, dass auch Sie erfolgreich sind!

Daher werden sie nicht davor zurückschrecken, Ihnen die Fähigkeiten eines Geschäftsmannes beizubringen.

Darüber hinaus werden Sie die relativ geringen Kosten für die Investition in ein Network-Marketing-Unternehmen mit dem überraschen, was Sie für den Preis, den Sie zahlen, lernen können (ein paar Flaschen Vitamine und ein Business-Kit für Ihre Lebenserfahrung!) Sie schulen Sie geduldig in den Einstellungen und

 FINANZIELLE INTELLIGENZ

Geschäftsfähigkeiten, die Sie benötigen, um in dieser Branche erfolgreich zu sein.

Im Grunde genommen kann man im Networkmarketing mit einer Mitarbeitermentalität nicht erfolgreich sein. Ein Network-Marketing-Unternehmen schult Sie in Verkauf, Kommunikation, Teamarbeit, Führung, positivem Denken, Selbstverbesserung, Zeit- und Geldinvestition sowie in der Unterstützung durch Ihre Upline als persönlicher Trainer und Mentor. Ich wage zu behaupten, dass selbst wenn Sie keinen Pfennig verdienen, aber fleißig an ihrem Programm teilgenommen haben, die Fähigkeiten, die Sie entwickeln, ein Leben lang halten werden.

Sie können auch Fähigkeiten entwickeln, indem Sie sich mit einer Versicherungsagentur in Verbindung setzen. Die Arbeit kann sehr hart sein, aber diese Unternehmen werden Ihnen auch die gleichen Fähigkeiten wie die oben genannten

FINANZIELLE INTELLIGENZ

beibringen und Ihnen vielleicht auch einige Ratschläge zur Finanzplanung geben.

Wie wäre es mit einem Internet-Geschäft? Wenn Sie die Eignung für Computer haben, bieten Internet-Geschäfte ein kostengünstiges, margenstarkes Geschäft, mit dem Sie viel Geld verdienen und Zugang zu einem weltweiten Markt erhalten können.

Weitere Orte, an denen Sie etwas über unternehmerische Fähigkeiten lernen können, sind Kurse über Finanzplanung, Immobilieninvestitionen, Zeitmanagement und vieles mehr.

All das, was ich vorgeschlagen habe, ist der sicherste Weg, ein neues Unternehmen zu gründen. Sie geben nur einige Hundert bis Tausende von Dollar für Unternehmensgründung und Ausbildung aus.

FINANZIELLE INTELLIGENZ

Ein traditionelles Geschäft kann für jemanden ohne Geschäftserfahrung zu riskant sein.

Sie investieren Zehntausende von Dollar und haben möglicherweise Schwierigkeiten, den Break-even-Punkt zu erreichen. Aber wenn Sie die oben genannten Fähigkeiten entwickelt haben, haben Sie eine größere Chance auf Erfolg.

Am wichtigsten sind neben einer guten Lerneinstellung vor allem die Menschen, mit denen Sie interagieren.

Es wurde schon einmal gesagt; Sie sind die Summe der fünf Personen, mit denen Sie die meiste Zeit verbringen!

Das ist sehr schwer zu schlucken, aber stellen Sie sich vor, Sie würden mit Ihren fünf bier- und pokertrinkenden Freunden reden, die auf eigene Faust losziehen und ein Vermögen verdienen wollen, was würden sie sagen? Sie würden über deine Socken lachen, bevor sie dein Ego in tausend Stücke zerschmettert hätten!

Im Herzen des Menschen liegt Eifersucht. Sie wollen nicht, dass die Menschen um sie herum Erfolg haben. Wenn Sie Erfolg haben, lässt es sie schlecht aussehen. Sie wissen in ihrem Herzen, dass sie nirgendwo hingehen, aber sie nehmen diesen Lebensstil an und ziehen Sie mit sich. Sie werden Ihnen Ihren Traum stehlen, und sie werden Ihnen Ihre finanzielle Freiheit rauben, wenn Sie nicht vorsichtig sind!

Der wichtigste Punkt, den es zu beachten gilt, ist: Nur mit Menschen zusammenkommen, die positiv denken!

Positives Denken ist kein Wunsch. Ein williger Denker ist ein Träumer, der nicht handelt. Positives Denken wird durch Taten unterstützt, und Sie werden die Energie von Menschen spüren, die an Sie glauben und Ihre Träume unterstützen.

Wenn Sie mit Enten laufen, krächzen Sie... aber wenn Sie mit Adlern gehen, werden Sie sich erheben!

Suchen Sie also nach Menschen, die Ihrer Vision folgen oder mit Ihnen aufwachsen möchten.

Schließlich müssen Sie an sich selbst glauben!

Die Aufgabe, aus Ihrer Komfortzone herauszukommen, kann beängstigend erscheinen, und viele werden Ihren Traum nicht unterstützen. Sie könnten sogar in die Offensive gehen, selbst wenn Sie Ihren Traum nicht teilen. Diese Person kann sogar Ihre Eltern oder Ihr Ehepartner sein.

 FINANZIELLE INTELLIGENZ

Dann werden Sie vor der Frage stehen: Ist meine finanzielle Freiheit den Preis wert, den ich jetzt zahle? Kann ich einen weiteren Tag mit der gleichen Routine, der gleichen Arbeit, dem gleichen Gehalt oder der gleichen Hausarbeit leben? Wenn die Antwort nein lautet, dann handeln Sie **JETZT**. Nicht morgen werden Sie aufwachen und Ihren Traum vergessen.

Schreiben Sie Ihren Wunsch auf ein Blatt Papier und halten Sie ihn täglich fest. Teilen Sie es jemandem Positiven mit und machen Sie den ersten Schritt. Sie werden es nicht bereuen.

Auf Ihre finanzielle Freiheit!

 FINANZIELLE INTELLIGENZ

Besuchen Sie unsere Website! Holen Sie sich weitere Bücher von MENTES LIBRES!

https://www.amazon.de/MENTES-LIBRES/e/B08274DDV4?ref_=dbs_p_ebk_r00_abau_000000

Wenn Sie möchten, können Sie Ihren Kommentar zu diesem Buch hinterlassen, indem Sie auf den folgenden Link klicken, damit wir uns weiter entwickeln können! Vielen Dank für Ihren Kauf!

https://www.amazon.de/dp/B0893P9RD1

www.ingramcontent.com/pod-product-compliance
Lightning Source LLC
Chambersburg PA
CBHW071123240526
45465CB00023B/795